APRENDIENDO CON YAYA

CATEGORIAS

Escrito por: Yael Herszkopf Mayer, M.S. CCC-SLP

Ilustrado por: Leslie Pinto

Agrupar, agrupar.
¡Veamos que podemos agrupar!

¡Animales!
Perros y gatos.
¡Animales!
Vacas y patos.

¡Ropa!
Pantalón y abrigo.
¡Ropa!
Camisa y vestido.

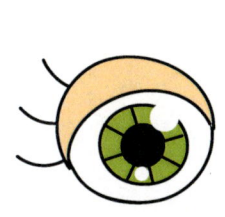
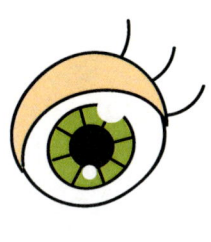
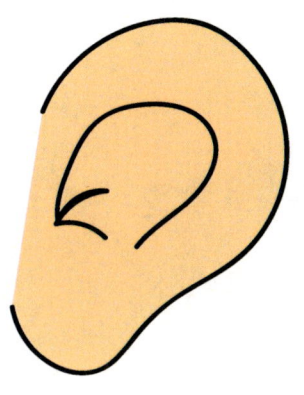

¡Partes del cuerpo!
Ojos y orejas.
¡Partes del cuerpo!
Pies y cabeza.

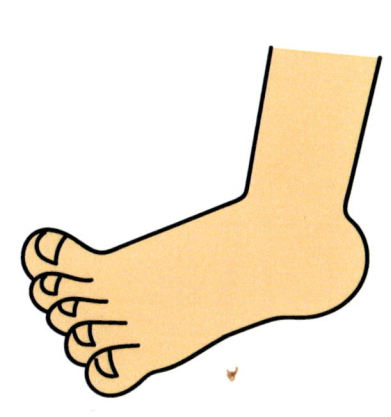

Agrupemos, agrupemos, agrupemos.
¡Veamos que más podemos agrupar!

¡Figuras!
Cuadrado y rectángulo.
¡Figuras!
Círculo y triángulo.

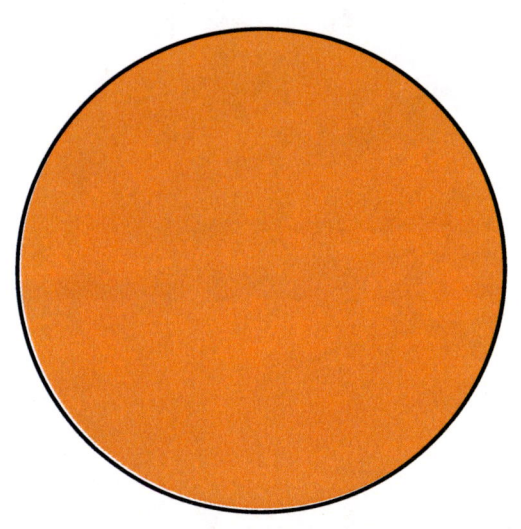

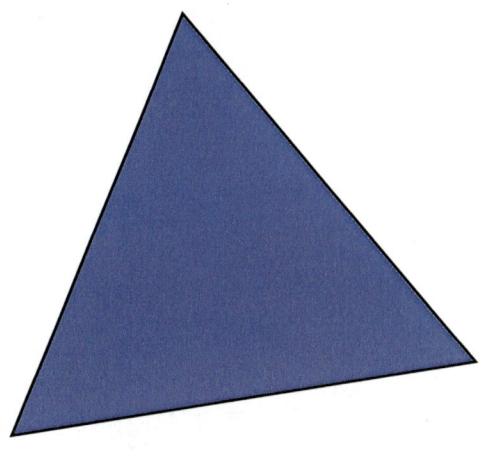

¡**Números!**
Uno, dos, tres.
¡**Números!**
Cuatro, cinco, seis.

¡Juguetes!
Pelotas y coches.
¡Juguetes!
Muñecas y bloques.

Agrupemos, agrupemos, agrupemos.
¡Veamos que más podemos agrupar!

¡Comida!
Pollo y arroz.
¡Comida!
Pasta y limón.

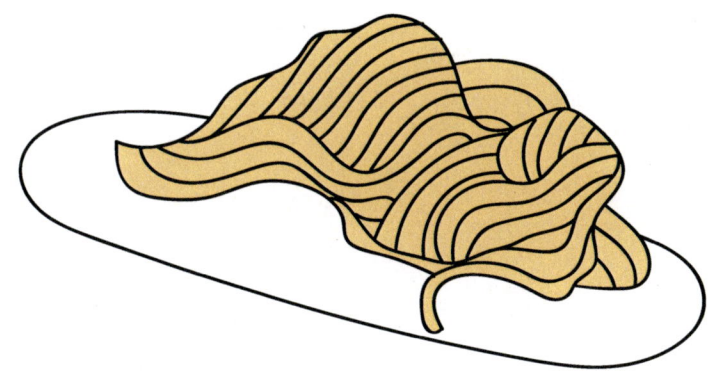

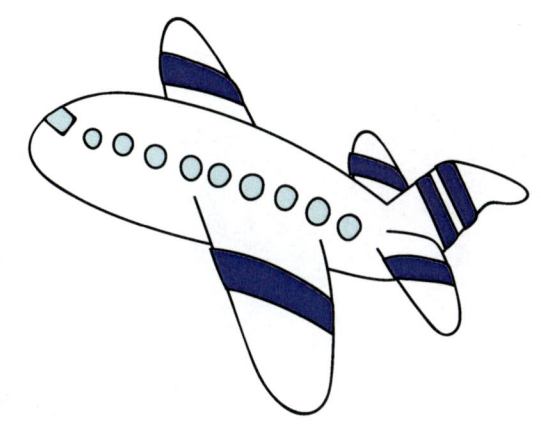

¡Transporte!
Carro y avión.
¡Transporte!
Tren y camión.

¡Instrumentos!
Guitarra y piano.
¡Instrumentos!
Tambor y bajo.

Agrupemos, agrupemos, agrupemos.
¡Busca que más puedes agrupar!

CONOCE A NUESTROS AMIGOS

Las cosas preferidas de Mei.

Animal: Panda

Juguete: Rompecabezas

Comida: Arroz

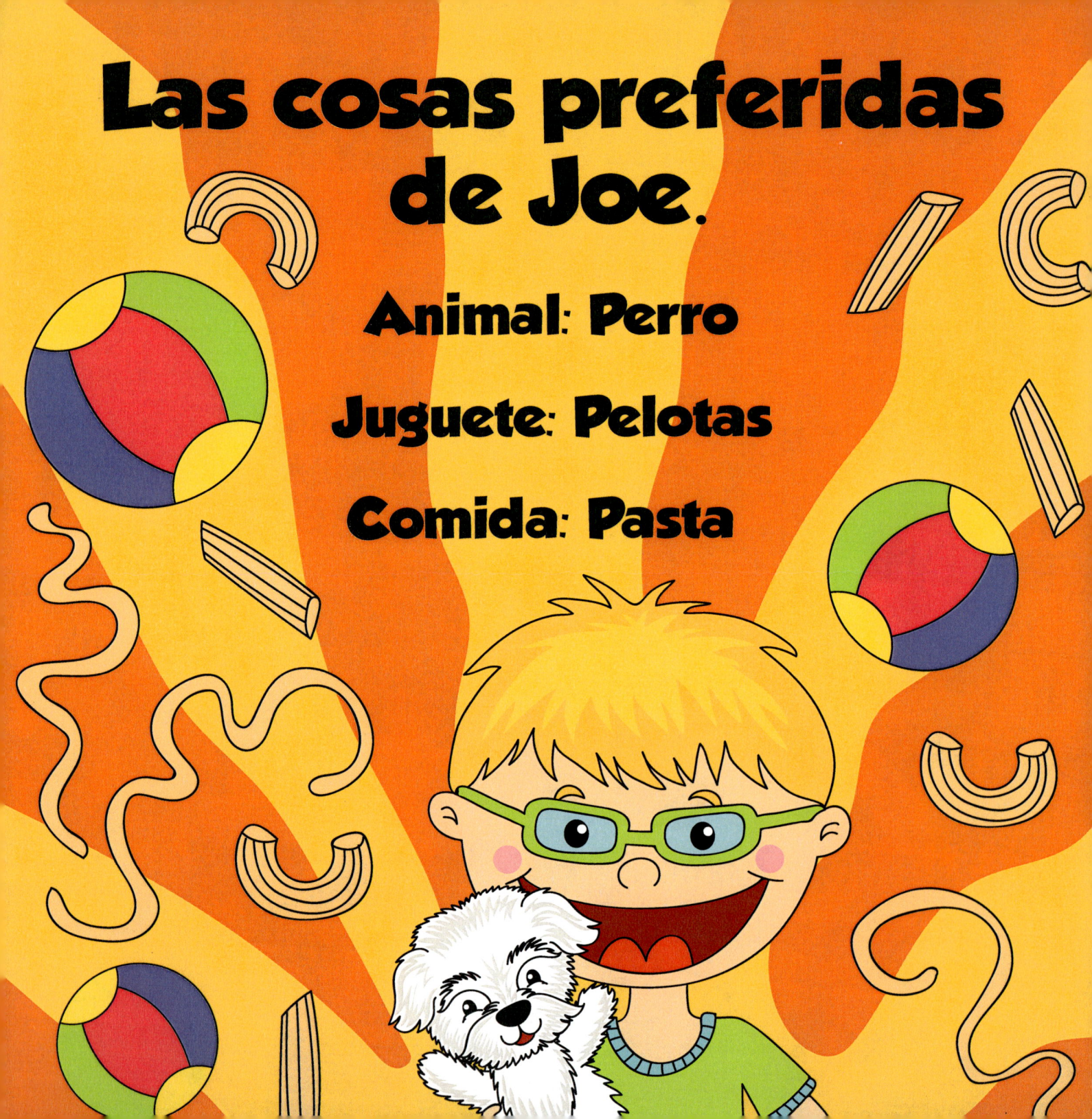

Las cosas preferidas de Joe.

Animal: **Perro**

Juguete: **Pelotas**

Comida: **Pasta**

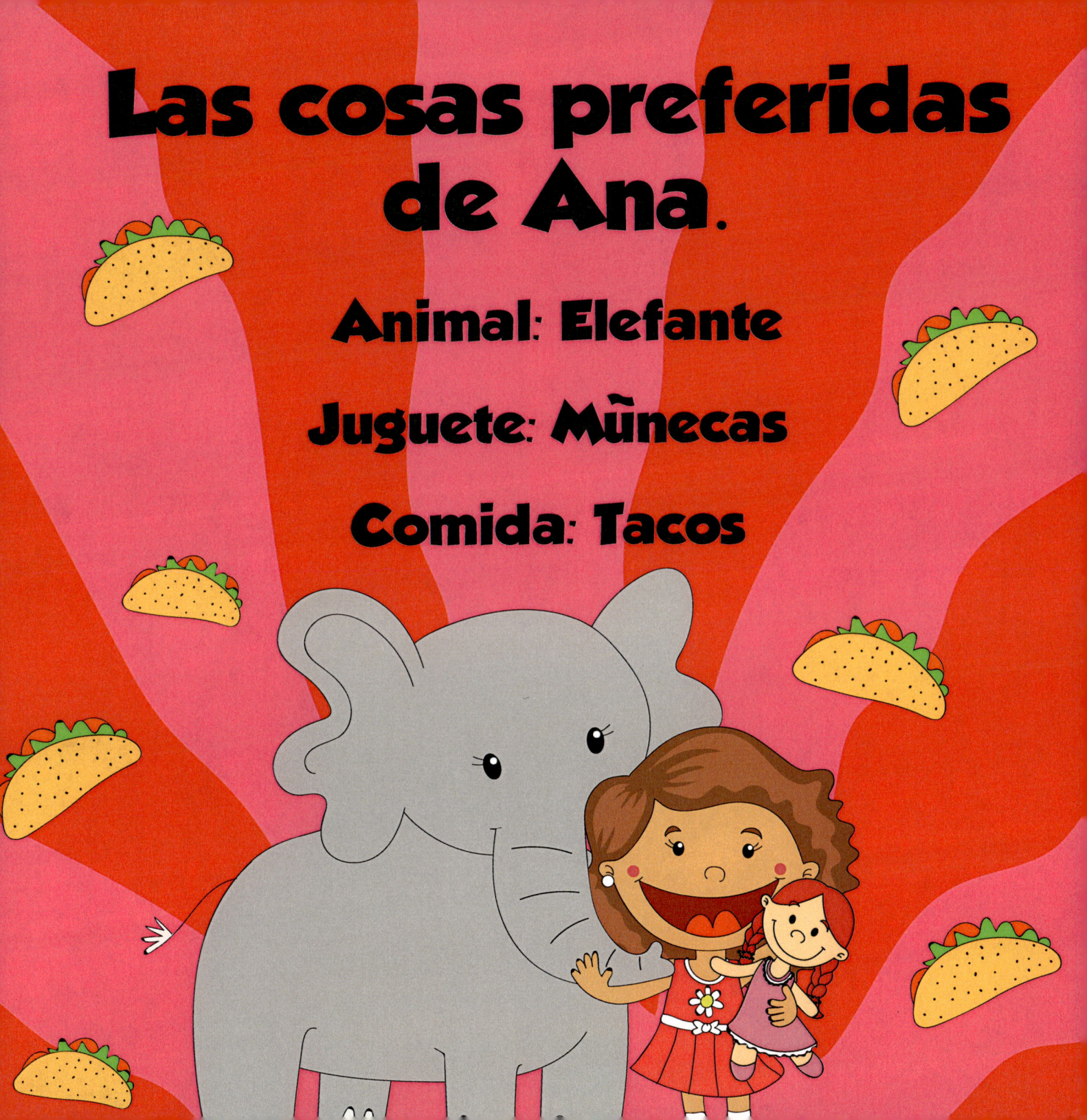

Las cosas preferidas de Ana.

Animal: Elefante

Juguete: Mùnecas

Comida: Tacos

Las cosas preferidas de Owen.

Animal: **Tigre**

Juguete: **Carros**

Comida: **Dedos de Pollo**

¿Cuáles son tus cosas preferidas?

Animal: _____

Juguete: _____

Comida: _____

Conoce a la autora

Yael Herszkopf Mayer, M.S, CCC-SLP obtuvo su Maestría en Patología del habla y del lenguaje- Extensión Bilingüe en Teachers College, Columbia University y recibió su bachillerato en Psicología Clínica en la Universidad de Iberoamérica en Costa Rica.

Herszkopf Mayer es una patóloga del habla y del lenguaje bilingüe Inglés/Español. A lo largo de su carrera ha trabajo con niños con una variedad de problemas de la comunicación, en diversas instituciones.

Herszkopf Mayer tiene licencia para ejercer en los estados de Florida y Maine, y ofrece servicios en su práctica privada, Speech Journeys, LLC.

OTROS TITULOS

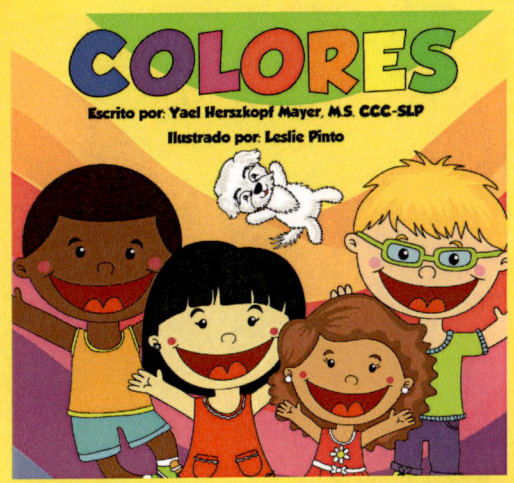

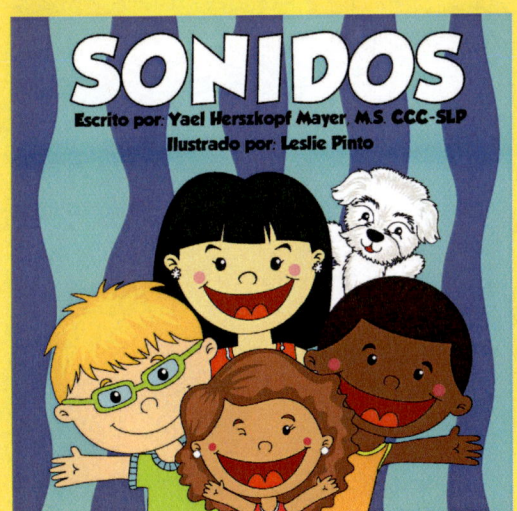

También disponibles en Inglés.

Visítanos en:
www.learningwithyaya.com
Contáctanos en:
contact@learningwithyaya.com